AF568390

BIBEL

in Leichter Sprache

BIBEL

in Leichter Sprache

Jesus begegnet den Menschen

Reihe:
Bibel in Leichter Sprache kompakt

Autoren:
Dieter Bauer, Claudio Ettl, Sr. M. Paulis Mels FSGM

Illustratorin:
Anja Janik

Das Projekt „Evangelium in Leichter Sprache"
ist eine Kooperation von:
Katholisches Bibelwerk e. V., Stuttgart
Akademie Caritas-Pirckheimer-Haus, Nürnberg
Franziskanerinnen von Thuine

Webseite:
www.evangelium-in-leichter-sprache.de

Umschlagmotiv und Illustrationen: Anja Janik, Dülmen
Umschlaggestaltung & Satz: Finken & Bumiller, Stuttgart
Druck: CPI books GmbH, Birkstr. 10, 25917 Leck
Verlag: Verlag Katholisches Bibelwerk GmbH, Silberburgstr. 121, 70176 Stuttgart

www.bibelwerk.de
ISBN 978-3-460-32199-1
Auch als E-Book erhältlich unter ISBN 978-3-460-51065-4

Inhalt

Vorwort

Jesus lebte ungefähr vor 2000 Jahren auf der Erde.
Jesus lebte mitten unter den Menschen.
Und begegnete vielen Menschen.

Einige von den Menschen wollten gerne bei Jesus sein.
Und sein Freund sein.
Oder seine Freundin.

Andere Menschen wollten gerne von Jesus lernen.
Und sich mit Jesus über Gott unterhalten.

Andere Menschen waren krank.
Diese Menschen kamen zu Jesus, damit Jesus sie gesund macht.

Andere Menschen mochten Jesus gar nicht leiden.
Diese Menschen zankten sich mit Jesus.

Andere Menschen haben Jesus zufällig getroffen.
Als Jesus unterwegs war.

In diesem Buch hören wir einige Erlebnisse:

- Wie Jesus den verschiedenen Menschen begegnet.
- Und wie die Menschen unterschiedlich reagieren.
- Und unterschiedliche Wünsche haben.

Lukas war ein Freund von Jesus.
Lukas hat viel über Jesus aufgeschrieben.
Lukas hat alles in schwerer Sprache geschrieben.
Alles, was Lukas aufgeschrieben hat, steht in der Bibel.
Einige Sachen, die Lukas aufgeschrieben hat,
stehen in diesem Buch.
In diesem Buch ist alles in Leichter Sprache
geschrieben.

Wir wünschen Ihnen viel Freude beim Lesen.

Das Projekt·team:
Schwester M. Paulis Mels, Dieter Bauer und Claudio Ettl

Möchten Sie mehr über das Projekt und
über das Team erfahren?
Dann können Sie auf Seite 90 weiterlesen.

Jesus begegnet seinen Verwandten.

Lukas 1,39–45

Maria war die Mutter von Jesus.
Maria hatte eine Cousine.
Die Cousine hieß Elisabet.
Der Mann von Elisabet hieß Zacharias.
Elisabet und Zacharias wohnten weit weg
in den Bergen.

Maria war schwanger mit Jesus.
Maria wollte das Elisabet und Zacharias erzählen.
Darum ging Maria zu Elisabet und Zacharias.
Elisabet war auch schwanger.

Das kleine Kind im Bauch von Elisabet konnte
schon hören.
Das kleine Kind hörte, als Maria zu Elisabet
„Guten Tag" sagte.
Das kleine Kind im Bauch von Elisabet freute sich
über Marias Stimme.
Das kleine Kind strampelte fröhlich im Bauch
von Elisabet.
Elisabet merkte, wie das kleine Kind strampelte.
Elisabet wusste sofort:

> Mein Kind freut sich.
> Weil Maria auch schwanger ist.
> Weil Maria mit Jesus schwanger ist.

Elisabet sagte zu Maria:

Mein Kind hat vor Freude gestrampelt.
Weil du mit Jesus schwanger bist.
Und weil du mit Jesus zu uns kommst.
Wenn Jesus groß ist, erzählt er uns alles von Gott.
Ich freue mich, weil du uns besuchen kommst.
Und weil du die Mutter von Jesus bist.

Jesus begegnet Simeon und Hanna.

Lukas 2,22-40

Als Jesus lebte, gab es ein Gesetz.
Das Gesetz sagt:

> Der erste Sohn in einer Familie gehört besonders zu Gott.
> Der Vater und die Mutter sollen für den ersten Sohn besonders beten.

Jesus war der erste Sohn von Maria und von Josef.
Maria und Josef wollten für Jesus besonders beten.
Maria und Josef gingen mit Jesus in den Tempel.
Der Tempel ist ein Haus, in dem die Menschen zu Gott beten.
Maria und Josef wollten Gott zeigen:

> Das ist Jesus.
> Jesus ist unser erster Sohn.

Maria und Josef nahmen noch 2 Tauben mit.
Maria und Josef wollten die 2 Tauben Gott im Tempel schenken.

Im Tempel war ein Mann.
Der Mann hieß Simeon.
Simeon war schon alt.
Simeon hatte Gott sehr lieb.
Simeon betete viel.
Simeon wartete jeden Tag, dass Gott zu den Menschen kommt.

Einmal sagte Gott zu Simeon:

Simeon, du bist schon alt.
Du stirbst bald.
Aber vorher wirst du sehen, dass ich zu den Menschen komme.

Dann sah Simeon Maria und Josef mit dem kleinen Jesus.
Simeon merkte:

Jesus kommt von Gott.
Gott schickt Jesus zu den Menschen.
Jesus soll von Gott erzählen.
Jesus soll allen Menschen helfen.

Simeon freute sich.
Simeon nahm den kleinen Jesus auf seinen Arm.
Simeon betete laut zu Gott.

Simeon sagte:

Gott, jetzt kann ich ruhig sterben.
Ich habe gesehen, wie du kommst.
Ich habe Jesus mit meinen Augen gesehen.
Jesus ist ein Licht für alle Menschen.
Jesus hilft allen Menschen.
Alle Menschen, die an Gott glauben, können sich über Jesus freuen.

Josef und Maria staunten über alles, was Simeon sagte.
Simeon guckte Maria an.
Simeon sagte zu Maria:

Jetzt ist Jesus noch ein kleines Kind.
Aber Jesus wird groß.
Dann erzählt Jesus alles von Gott.
Viele Menschen freuen sich über Jesus.
Und viele Menschen ärgern sich über Jesus.
Diese Menschen sind böse zu Jesus.
Maria, das wird sehr schwer für dich.
Das wird dir in deinem Herzen sehr weh tun.

Damals war auch noch eine Frau im Tempel.
Die Frau hieß Hanna.
Hanna war auch schon alt.
Hanna war 84 Jahre alt.
Hanna war den ganzen Tag im Tempel.
Hanna betete den ganzen Tag.
Hanna wartete auch, dass Gott zu den Menschen kommt.

Als Hanna Jesus sah, freute sie sich.
Hanna fing laut an zu singen.
Hanna erzählte allen ihren Freunden von Jesus.

Maria und Josef beteten für Jesus.
Wie es in der Bibel aufgeschrieben ist.
Maria und Josef schenkten Gott im Tempel 2 Tauben.
Dann gingen Maria und Josef mit dem kleinen Jesus nach Hause zurück.
Jesus wurde immer größer.
Gott hatte Jesus sehr lieb.

Jesus begegnet dem Teufel.

Lukas 4,1–13

Einmal ging Jesus in die Wüste.
In der Wüste wohnen keine Menschen.
In der Wüste wächst nichts zu essen.
In der Wüste ist nur Sand.
Und es ist sehr heiß.

Jesus wollte in der Wüste alleine sein.
Weil Jesus in Ruhe zu Gott beten wollte.

Jesus blieb 40 Tage in der Wüste.
Und betete die ganze Zeit zu Gott.
Jesus war voll Freude über Gott.
Zum Schluss hatte Jesus Hunger.

Der Teufel war auch in der Wüste.
Der Teufel wollte, dass Jesus aufhört zu beten.
Und aufhört an Gott zu denken.
Jesus sollte nur an sich selber denken.

Der Teufel versuchte einige Tricks.
Der Teufel sagte zu Jesus:
    Du hast doch großen Hunger.
    Hier ist ein Stein.
    Du kannst aus dem Stein Brot machen.

Jesus sagte:
    In der Bibel steht:
    An Gott denken ist genauso wichtig wie Brot essen.

Der Teufel versuchte einen anderen Trick.
Der Teufel zeigte Jesus alle reichen Sachen in der Welt.
Der Teufel sagte:
Diese reichen Sachen kannst du alle haben.
Aber vorher musst du zu mir beten.

Jesus sagte zum Teufel:
In der Bibel steht:
Wir sollen nur zu Gott beten.

Der Teufel versuchte noch einen Trick.
Der Teufel stieg mit Jesus auf einen hohen Turm.
Der Teufel sagte:
Du bist der Sohn von Gott.
Deshalb passt Gott immer auf dich auf.
Damit nichts Schlimmes mit dir passiert.
Das steht so in der Bibel.
Ich will wissen, ob das wirklich stimmt.
Du sollst von diesem hohen Turm von oben
herunter springen.
Dann merke ich, ob Gott wirklich auf dich aufpasst.

Jesus sagte:
In der Bibel steht auch:
Dass wir im Leben vernünftig sein sollen.
Und keine dummen Sachen ausprobieren sollen.

Der Teufel konnte nichts machen.
Jesus dachte immer an Gott.
Und an alles, was in der Bibel steht.
Der Teufel ging von Jesus weg.

Jesus begegnet 2 besonderen Männern.

Lukas 9,28b–36

Einmal stieg Jesus auf einen Berg.
Jesus nahm 3 von seinen Freunden mit.
Jesus wollte auf dem Berg beten.
Die Freunde schliefen beim Beten ein.
Jesus betete weiter.

Beim Beten fing das Gesicht von Jesus an zu strahlen.
Wie die Sonne.
Das Gewand von Jesus wurde leuchtend weiß.

Plötzlich waren 2 Männer da.
Der eine Mann hieß Mose.
Der andere Mann hieß Elija.
Mose und Elija redeten mit Jesus.

Die Freunde von Jesus wurden wach.
Die Freunde von Jesus wunderten sich.
Einer von den Freunden sagte:

> Jesus. Wir wollen 3 Hütten bauen.
> Eine Hütte für dich.
> Und eine Hütte für Mose.
> Und eine Hütte für Elija.

Da kam eine Wolke.
Die Wolke bedeckte alle.
Die Freunde von Jesus bekamen Angst.

Eine Stimme aus der Wolke sagte:

> Jesus ist mein lieber Sohn.
> Ihr sollt auf Jesus hören.

Dann war alles still.
Die Wolke war weg.
Mose und Elija waren weg.
Die Freunde waren mit Jesus wieder allein.
Zuhause erzählten die Freunde niemand,
was sie auf dem Berg erlebt hatten.

Jesus begegnet einigen Männern, die eine Frau töten wollen.

Johannes 8,1–11

Einmal waren viele Leute bei Jesus.
Jesus erzählte den Leuten von Gott.
Da kamen Gesetzes·lehrer zu Jesus.
Die Gesetzes·lehrer wissen genau, was im Gesetz steht:

Was erlaubt ist.
Und was verboten ist.
Und welche Strafe es gibt.

Die Gesetzes·lehrer brachten eine Frau mit.
Die Gesetzes·lehrer sagten:

Diese Frau ist mit ihrem Mann verheiratet.
Die Frau darf nur mit ihrem Mann zusammen schlafen.
Trotzdem hat die Frau mit einem anderen Mann geschlafen.
Das ist verboten.
Die Frau muss bestraft werden.
Die Frau muss mit Steinen tot geworfen werden.
Sollen wir die Frau jetzt mit Steinen tot werfen?

In Wirklichkeit wollen die Gesetzes·lehrer Jesus in die Falle locken.
Wenn Jesus sagt:

Ja. Ihr sollt die Frau mit Steinen tot werfen.

Wollen die Gesetzes·lehrer sagen:

Du bist ein Mörder.

Wenn Jesus sagt:

Nein. Ihr dürft die Frau nicht mit Steinen tot werfen.

Wollen die Gesetzes·lehrer sagen:

Jesus, du musst selber bestraft werden.
Weil du die Gesetze falsch erklärst.
Du musst ins Gefängnis.

Darum gab Jesus keine Antwort.
Jesus bückte sich nur.
Jesus schrieb mit dem Finger auf die Erde.
Alle Leute warteten gespannt.
Aber Jesus sagte nichts.
Jesus schrieb nur mit dem Finger auf die Erde.

Die Gesetzes·lehrer fingen an zu drängeln.
Jesus sollte endlich etwas sagen.
Jesus stellte sich wieder hin.
Jesus sagte zu den Gesetzes·lehrern:

Wer von euch hat noch nie etwas Verbotenes getan?
Der darf als Erster einen Stein werfen.

Jesus bückte sich wieder.
Und schrieb wieder mit dem Finger auf die Erde.

Die Gesetzes·lehrer überlegten.
Und alle Gesetzes·lehrer merkten:
Alle haben schon einmal etwas Verbotenes getan.

Die Gesetzes·lehrer gingen leise weg.
Die anderen Leute gingen auch leise weg.
Zum Schluss war Jesus mit der Frau alleine.
Jesus stellte sich wieder hin.
Jesus fragte die Frau:
Sind alle Leute weggegangen?
Hat keiner einen Stein geworfen?

Die Frau sagte:
Alle sind weggegangen.
Keiner hat einen Stein geworfen.

Jesus sagte zu der Frau:
Ich werfe auch keinen Stein.
Geh nach Hause.
Tu von jetzt an nichts Verbotenes mehr.

Jesus begegnet den Nachbarn von früher.

Lukas 4,21–30

Einmal war Jesus in Nazaret.
Nazaret war die Heimat·stadt von Jesus.
Heimat·stadt bedeutet:

Die Eltern von Jesus wohnen in der Heimat·stadt.
Die Nachbarn von Jesus wohnen in der Heimat·stadt.
Die Nachbarn kennen Jesus, als er noch ein kleiner Junge war.

Jetzt war Jesus erwachsen.
Jesus erzählte überall von Gott.
Jesus erzählte auch in der Heimat·stadt von Gott.

Die Nachbarn staunten.
Die Nachbarn sagten:

Früher war Jesus doch nur ein kleiner Junge!
Jesus hat doch immer bei seinem Papa geholfen!
Jesus ist nichts Besonderes!
Wieso kann Jesus so gut von Gott erzählen?
Wieso sagt Jesus:

Ich komme von Gott.

Jesus kommt doch aus unserer Nachbarschaft.
Ob Jesus spinnt?
Jesus soll bei uns zuerst die Kranken gesund machen.
Genauso wie in den anderen Städten.

Wenn das klappt, glauben wir vielleicht,
was Jesus erzählt.

Jesus sagte zu den Nachbarn:

Hört gut zu.
Ich sage euch etwas Wichtiges:
Manchmal sucht Gott einen Menschen aus.
Und spricht mit diesem Menschen in seinem Herzen.
Dieser Mensch soll den anderen Leuten weiter erzählen, was Gott im Herzen gesagt hat.
Viele Leute freuen sich darüber.
Diese Leute hören gerne, was Gott im Herzen gesagt hat.
Diese Leute tun, was Gott gesagt hat.
Viele kranke Leute werden gesund, wenn sie auf Gott hören.

Nur die Nachbarn von diesem Menschen ärgern sich.
Die Nachbarn sagen:

Warum hat Gott dich ausgesucht?
Du bist doch bloß ein ganz normaler Mensch?
Wir wollen nichts von dir hören.

Jesus sagte:

Jetzt ist es auch so.
Ihr denkt, ich bin nichts Besonderes.
Und ihr wollt nicht auf mich hören.
Aber ich komme wirklich von Gott.
Und ich erzähle euch von Gott.

Die Nachbarn wurden wütend.
Die Nachbarn wollten Jesus von einem Berg herunter stürzen.
Aber Jesus ging ganz ruhig weg.

Jesus begegnet Petrus und einigen anderen Fischern.

Lukas 5,1–11

Einmal war Jesus an einem See.
Viele Leute waren bei Jesus.
Alle Leute wollten nahe bei Jesus stehen.
Alle Leute drängelten.
Darum stieg Jesus in ein Boot.
Das Boot gehörte Petrus.
Petrus fuhr mit Jesus im Boot etwas vom Ufer weg.
So konnten alle Leute Jesus im Boot sehen.
Und hören.
Jesus erzählte von Gott.

Als Jesus fertig war, sagte Jesus zu Petrus:
Fahr weiter weg auf den See.
Dort sollst du Fische fangen.

Petrus sagte:
Wir haben die ganze Nacht gefischt.
Aber wir haben keinen einzigen Fisch gefangen.
Eigentlich ist es sinnlos, noch einmal loszufahren.
Aber weil du das gesagt hast, versuche ich es noch einmal.

Petrus versuchte es noch einmal und fing an zu fischen.
Er fing viele Fische.
Petrus fing so viele Fische, dass das Netz beinahe kaputt ging.
Andere Fischer mussten Petrus helfen.

Petrus spürte, dass Gott die vielen Fische geschickt hat.
Und dass Jesus selber von Gott kommt.
Petrus spürte, dass Gott da ist.
Petrus und die anderen Fischer waren erstaunt.
Und erschrocken.
Weil sie Gott spüren konnten.
Petrus verbeugte sich bis zum Boden vor Jesus.

Petrus sagte:
> Jesus, du hast uns wunderbar geholfen.
> Du bist zu gut für mich.
> Weil du von Gott kommst.
> Aber ich bin bloß ein Mensch.
> Geh lieber weg von mir.

Jesus beruhigte Petrus.
Jesus sagte:
> Fürchte dich nicht.
> Komm mit mir.
> Du sollst mir helfen.
> Du sollst den Menschen von Gott erzählen.

Petrus und die anderen Fischer gingen sofort für immer mit Jesus mit.

Jesus begegnet einer traurigen Mutter.

Lukas 7,11–17

Einmal kam Jesus in eine Stadt.
In der Stadt war gerade eine Beerdigung.
Ein Jugendlicher war gestorben.
Die Mutter von dem Jugendlichen weinte sehr.
Die Mutter hatte keine anderen Kinder mehr.
Und der Mann von der Frau war auch schon tot.
Die Mutter war jetzt ganz allein.

Jesus sah, wie die Mutter weinte.
Jesus hatte Mit·leid mit der Mutter.
Darum ging Jesus zu der Trag·bahre.
Auf der Trag·bahre lag der tote Jugendliche.
Jesus fasste die Trag·bahre an.
Jesus sagte zu dem toten Jugendlichen:

Junger Mann.
Ich befehle dir:
Steh auf.

Da setzte sich der Jugendliche auf.
Der Jugendliche fing an zu sprechen.
Der Jugendliche lebte wieder.
Die Leute waren sehr verwundert.
Die Leute fingen an zu beten.
Und zu jubeln.
Und zu klatschen.

Die Leute sagten:

Jesus kommt wirklich von Gott.
Gott hat Jesus zu uns geschickt.
Gott denkt an uns.
Und hilft uns.
Das merken wir an den Wundern, die Jesus tut.

Die Leute erzählten alles in der ganzen Gegend herum.

Jesus begegnet einem Mann, der mit seinem Bruder um Geld streitet.

Lukas 12,13–21

Einmal kam ein Mann zu Jesus.
Der Mann sagte:
Meine Eltern sind gestorben.
Meine Eltern hatten viel Geld.
Ich habe noch einen Bruder.
Das Geld von meinen Eltern gehört jetzt meinem Bruder und mir zusammen.
Aber mein Bruder will das Geld für sich alleine behalten.
Mein Bruder will mir kein Geld abgeben.
Jesus, du sollst meinem Bruder sagen:
Mein Bruder soll das Geld mit mir teilen.

Jesus sagte zu dem Mann:
Wenn ihr um Geld streitet, helfe ich nicht.
Passt auf, dass ihr nicht gierig nach Geld werdet.
Wer gierig nach Geld ist, wird unglücklich.
Wer gute Dinge tut, wird glücklich.

Jesus erzählte ein Beispiel:
Das Beispiel ging so:
Es war einmal ein Mann.
Der Mann war sehr reich.
Der Mann wurde immer reicher.
Der Mann dachte immer nur an Geld.

Eines Tages dachte der Mann:

Jetzt habe ich genug Geld verdient.
Ich kann aufhören zu arbeiten.
Ich kann ein gemütliches Leben führen.
Ich kann die besten Sachen essen.
Und trinken.
Und Feste feiern.

Aber in der Nacht starb der Mann.
Gott sagte zu dem Mann:

Du warst ein dummer Mann.
Du hast nur an Geld gedacht.
Jetzt bist du tot.
Jetzt kannst du das viele Geld nicht mehr gebrauchen.
Du solltest lieber an die anderen Menschen denken.
Und den anderen Menschen helfen.
Das ist mehr wert als Geld.
Weil ich mich dann über dich freue.
Und du hast trotzdem alles, was du brauchst.

Jesus begegnet 10 Aussatz·kranken Männern.

Lukas 17,11–19

Einmal kam Jesus zu einem Dorf.
In dem Dorf kamen 10 Männer zu Jesus.
Die Männer blieben weit weg von Jesus stehen.
Denn die 10 Männer waren schwer krank.
Die Männer hatten eine Haut·krankheit.
Die Haut·krankheit von den 10 Männern heißt Aussatz.
Der Aussatz ist sehr ansteckend.
Darum müssen Aussatz·kranke Menschen von gesunden Menschen weit weg bleiben.
Damit sie niemanden anstecken können.

Die 10 Aussatz·kranken Männer riefen:
Jesus, bitte.
Mach uns gesund.

Jesus sagte zu den Aussatz·kranken Männern:
Geht zu den Menschen.
Zeigt euch den Menschen.
Damit die Menschen sehen, dass ihr wieder gesund seid.

Die Aussatz·kranken Männer gingen los.
Unterwegs wurden die Aussatz·kranken Männer gesund.

Einer von den Aussatz·kranken Männern ging sofort zu Jesus zurück.
Der Mann freute sich riesig.
Weil er wieder gesund war.
Der Mann fing laut an Gott zu loben.
Und kniete sich vor Jesus auf den Boden.
Der Mann dankte Jesus aus ganzem Herzen.

Jesus freute sich über den Mann.
Jesus sagte:
Ich freue mich, weil du zurückgekommen bist.

Aber Jesus wunderte sich auch.
Jesus fragte den Mann, der gesund geworden war:
Wo sind denn die anderen 9 Aussatz·kranken Männer?
Bist du ganz alleine gekommen?
Es sind doch alle 10 Männer gesund geworden.
Freuen die sich gar nicht?
Wollen die anderen Männer Gott gar nicht loben?
Weil Gott sie gesund gemacht hat?

Jesus sagte zu dem dankbaren Mann:
Jetzt ist alles gut.
Geh nach Hause.
Gott hat dir geholfen.
Weil du an Gott geglaubt hast.

Jesus begegnet einigen eingebildeten Religions·gelehrten.

Lukas 18,9–14

Einmal unterhielt sich Jesus mit Religions·gelehrten.
Die Religions·gelehrten hatten viel über Gott studiert.
Die Religions·gelehrten waren eingebildet.
Weil sie dachten, dass sie alles richtig machen.
Und dass sie gute Menschen sind.

Die Religions·gelehrten dachten, dass sie besser sind als die anderen Leute.
Und verachteten die anderen Leute.
Und lachten die anderen Leute aus.

Jesus sagte zu den Religions·gelehrten:

> Es ist ungerecht, wenn ihr die anderen Leute verachtet.
> Vielleicht sind die anderen Leute in ihrem Herzen gute Menschen.

Jesus erzählte dazu eine Geschichte:

Einmal gingen 2 Männer in ein Gebets·haus zum Beten.
Der eine Mann war ein Religions·gelehrter.
Der andere Mann war ein Betrüger.
Der Religions·gelehrte ging ganz weit nach vorne zum Beten.
Alle Leute sollten sehen, dass der Religions·gelehrte betet.

Das Gebet von dem Religions·gelehrten ging so:

> Gott.
> Ich danke dir.
> Weil ich kein Dieb bin.
> Und kein Betrüger.
> Und kein Alkoholiker.
> Ich bin viel besser als die anderen Menschen.
> Ich spende viel Geld.
> Ich bete jeden Tag 3-mal.
> Ich bin ein guter Mensch.

Der andere Mann blieb ganz weit hinten in dem Gebets·haus stehen.
Der andere Mann schämte sich.
Weil der Mann manchmal schlechte Sachen machte.
Zum Beispiel Leute mit Geld betrügen.

Das Gebet von diesem Mann ging so:

> Gott.
> Was ich tue, ist schlecht.
> Bitte, hilf mir.

Jesus sagte zu den Religions·gelehrten:

> Das Gebet von dem 2. Mann hinten in dem Gebets·haus ist ein gutes Gebet.
> Dieser Mann war ehrlich.

Und bescheiden.
Wer bescheiden und ehrlich ist, den liebt Gott besonders.
Aber wer eingebildet ist:
Der merkt gar nicht, dass Gott gut ist.

Jesus begegnet einem Betrüger.

Lukas 19,1–10

Einmal kam Jesus in eine Stadt.
In der Stadt wohnte ein Mann.
Der Mann hieß Zachäus.
Der Beruf von Zachäus war Zöllner.
Zöllner mussten bei den Leuten Geld für den Kaiser einsammeln.
Meistens sammelten die Zöllner bei den Leuten zu viel Geld ein.
Auch Zachäus sammelte von den Leuten zu viel Geld ein.
Damit Zachäus das Geld für sich selber behalten konnte.
Davon war Zachäus reich.
Die Leute waren wütend auf Zachäus.

Als Jesus in die Stadt kam, wollten alle Menschen Jesus sehen.
Zachäus wollte Jesus auch sehen.
Aber Zachäus war klein.
Und es war ein großes Gedränge.
Zachäus konnte gar nichts sehen.
Da hatte Zachäus eine Idee.
Zachäus kletterte auf einen Baum.
Auf dem Baum konnte Zachäus Jesus gut sehen.
Jesus kam bei dem Baum vorbei.
Jesus guckte nach oben.

Jesus konnte Zachäus im Baum sehen.
Jesus sagte:
  Zachäus, komm schnell runter.
  Ich möchte dich heute besuchen.
  Ich möchte in deinem Haus essen.

Zachäus freute sich.
Zachäus kletterte schnell vom Baum herunter.
Zachäus nahm Jesus zum Essen mit nach Hause.

Da wurden die anderen Leute wütend.
Die anderen Leute sagten:
  Das ist gemein von Jesus.
  Jesus geht zu Zachäus zum Essen.
  Jesus tut so, als ob Zachäus ein freundlicher Mann ist.
  In Wirklichkeit ist Zachäus ein Betrüger.

Aber Zachäus war sehr glücklich.
Weil Jesus zu Besuch war.
Und weil Jesus zu Zachäus freundlich war.
Zachäus merkte, dass Jesus von Gott kommt.

Zachäus sagte zu Jesus:

Jesus, ich habe den Leuten zu viel Geld weggenommen.
Das will ich den Leuten wieder zurückgeben.
Und den armen Leuten will ich Geld schenken.

Jesus freute sich.
Jesus sagte zu Zachäus:

Gut, dass ich zu dir gekommen bin.
Jetzt merkst du selber, dass du ein gutes Herz hast.
Jetzt tust du selber gute Dinge.
Deswegen bin ich von Gott zu den Menschen gekommen.
Damit ich die Menschen besuche.
Und damit die Menschen merken, dass sie ein gutes Herz haben.
Und gute Dinge tun können.

Jesus begegnet Judas und den Männern, die Jesus gefangen nehmen.

Lukas 22,47–54

Als Jesus gekreuzigt werden sollte, war es so:
Eine Gruppe von Männern sollte Jesus gefangen nehmen.
Die Männer hatten alle Waffen bei sich.

Einer von den Männern hieß Judas.
Judas war eigentlich ein Freund von Jesus.
Aber heute wollte Judas den Männern helfen, Jesus zu fangen.
Weil die Männer nicht wussten, wie Jesus aussieht.
Nur Judas wusste das.

Judas sagte zu den Männern:

> Ich gebe Jesus einen Kuss.
> Dann wisst ihr Bescheid:
> Das ist Jesus.
> Dann könnt ihr Jesus gefangen nehmen.

Judas ging zu Jesus.
Judas nahm Jesus in den Arm.
Und gab Jesus einen Kuss.
Jesus wurde traurig.
Jesus sagte traurig zu Judas:

> Judas, du nimmst mich in den Arm.
> Und gibst mir einen Kuss.
> Damit die Männer wissen, wer ich bin.
> Und mich fesseln können.
> Bist du denn gar nicht mein Freund?

Die anderen Freunde wollten Jesus verteidigen.
Die Freunde kämpften mit den Schwertern.
Einer haute einem Mann das Ohr ab.
Jesus sagte:

> Stop.
> Aufhören.

Jesus machte das Ohr wieder heil.
Jesus sagte zu den Männern:

> Ihr habt immer zugehört, wenn ich von Gott erzählt habe.
> Ihr konntet mich jeden Tag fangen.
> Aber dazu wart ihr zu feige.
> Weil dann die anderen Leute was gesagt hätten.
> Jetzt kommt ihr heimlich.
> Weil alles dunkel ist.
> Ihr habt Schwerter und Knüppel mitgebracht.
> Als ob ich ein Verbrecher wäre.

Dann ging Jesus mit den Männern mit.

Jesus begegnet 2 Verbrechern am Kreuz.

Lukas 23,35–43

Viele Leute dachten, dass Jesus ein König ist.
Ein König mit viel Geld.
Ein König für die Politik.
Ein König, der alles kann.
Ein König, der alles befehlen kann.

In Wirklichkeit ist Jesus ein König für die Herzen.
Ein König, der von Gott kommt.
Und der den Menschen Gutes tut.
Der zum Beispiel die Kranken gesund macht.
Und den Menschen von Gott erzählt.
So dass die Menschen froh werden.

Trotzdem konnten viele Leute Jesus nicht leiden.
Diese Leute erzählten schlimme Sachen über Jesus.
Die Leute wollten sogar, dass Jesus stirbt.
Die Leute erzählten die schlimmen Sachen bei einem Richter.
Der Richter sagte:

> Jesus soll zur Strafe für die schlimmen Sachen sterben.
> Jesus soll am Kreuz sterben.

Soldaten nagelten Jesus an ein Kreuz.
Oben am Kreuz hing ein Schild.
Auf dem Schild war geschrieben:
Jesus ist ein König.

Die Soldaten und die anderen Leute sagten zu Jesus:
Du willst ein König sein?
Du bist doch nur ein Angeber.
Zeig uns, dass du ein König bist.
Und dass du mächtig bist.
Du sollst jetzt ganz allein vom Kreuz runter gehen.
Du sollst dich selber retten.
Dann merken wir, dass du ein König bist.

Neben Jesus hingen noch 2 andere Männer
am Kreuz.
Die 2 Männer waren Verbrecher.
Der erste Verbrecher lachte Jesus aus.

Der Verbrecher sagte:
Los. Mach schon.
Geh vom Kreuz runter.
Und dann hol uns auch vom Kreuz runter.

Der zweite Verbrecher sagte zu dem ersten Verbrecher:

Du hast keine Ahnung von Jesus.
Du bist nämlich ein Verbrecher.
Genauso wie ich.
Aber Jesus ist kein Verbrecher.
Jesus kommt von Gott.
Jesus hat immer nur gute Dinge getan.
Jesus ist ein König von Gott.

Dann sagte der zweite Verbrecher zu Jesus:

Jesus, bald bist du wieder bei Gott.
Dann denke an mich.
Ich möchte auch gerne zu Gott.

Jesus sagte zu dem Verbrecher:

Ja. Das verspreche ich dir.
Heute gehen wir beide zusammen zu Gott.

Jesus begegnet 2 Freunden, die traurig sind.

Lukas 24,13–35

Jesus war von den Toten auferstanden.
Die Freunde wussten, dass das Grab leer ist.
Aber die Freunde konnten nicht glauben, dass Jesus auferstanden ist.

2 von den Freunden waren auf dem Heim·weg.
Unterwegs redeten die beiden Freunde miteinander.
Die Freunde redeten über alles, was mit Jesus passiert ist.
Die Freunde waren sehr traurig.

Da kam Jesus zu den 2 Freunden.
Die beiden Freunde merkten nicht, dass es Jesus ist.
Jesus ging mit ihnen mit.
Jesus hörte zu, was die Freunde erzählten.

Nach einer Weile fragte Jesus die beiden Freunde:
    Was erzählt ihr denn da für Geschichten?
Die Freunde blieben traurig stehen.
Einer von den Freunden sagte zu Jesus:
    Weißt du denn gar nicht Bescheid, was passiert ist?
    Weißt du denn gar nichts von Jesus?
    - Jesus kam von Gott.
    - Jesus hat uns von Gott erzählt.
    - Jesus hat viele Menschen gesund gemacht.

- Jesus hat viel Gutes getan.
- Jesus war ein wunderbarer Mensch.
- Aber dann haben die Politiker Jesus zum Tod verurteilt.
- Jesus musste am Kreuz sterben.
- Jetzt ist Jesus schon 3 Tage tot.

Heute Morgen waren einige Frauen beim Grab von Jesus.
Die Frauen sagen, dass das Grab leer ist.
Die Frauen sagen sogar, dass Engel beim Grab waren.
Da haben einige andere Freunde nachgeguckt.
Es stimmt alles genau, was die Frauen gesagt haben.
Aber keiner hat Jesus gesehen.

Da sagte Jesus zu den beiden Freunden:
Versteht ihr denn gar nichts?
Wisst ihr gar nicht, dass mit Jesus alles so sein musste?
Das hat Gott schon vor vielen 100 Jahren zu den Menschen gesagt.
Ist es für euch so schwer zu verstehen, was Gott gesagt hat?
Ist es für euch so schwer zu glauben, was Gott gesagt hat?

Jesus fing an, den Freunden alles zu erklären:

- Dass Gott seinen Sohn schickt.
- Dass der Sohn von Gott allen Menschen helfen will.
- Dass die Menschen nicht auf den Sohn von Gott hören wollen.
- Dass die Menschen den Sohn von Gott umgebracht haben.
- Dass Gott seinen Sohn nicht im Grab gelassen hat.
- Dass Jesus wirklich auferstanden ist.
- Dass Jesus zu seinem Vater zurückkehrt.

Als Jesus so erzählte, fingen die beiden Freunde
ein wenig an zu verstehen.
Ihr Herz brannte vor Freude.
Die Freunde kamen mit Jesus zu Hause an.
Jesus wollte weitergehen.
Die Freunde sagten zu Jesus:

Bitte, bleibe bei uns.
Es wird schon dunkel.
Es ist schon spät.

Jesus ging mit den Freunden in ihr Haus.
Die Freunde machten das Abend·essen fertig.
Zum Abend·essen gab es Brot.

Alle setzten sich an den Tisch.
Die Freunde merkten immer noch nicht, dass es Jesus ist,
der bei ihnen war.
Da nahm Jesus vor dem Essen das Brot.
Jesus betete so wie immer.
Jesus gab den Freunden das Brot.

Plötzlich gingen den Freunden die Augen auf.
Die Freunde merkten auf einmal:
   Der fremde Mann, der mit uns unterwegs war,
   ist Jesus selber.
Als die Freunde merkten, dass es Jesus ist,
konnten sie ihn nicht mehr sehen.

Die Freunde sagten:
   Eigentlich hätten wir das doch bemerken können.
   Weil uns das Herz vor Freude brannte.
   Weil Jesus so gut von Gott erzählte.
   Wir konnten alles verstehen.

Die Freunde freuten sich sehr.
Die Freunde gingen wieder den ganzen Weg zurück.
Die Freunde wollten den anderen Freunden erzählen:
   Wir haben Jesus gesehen.
   Jesus ist wirklich auferstanden.

Die Freunde wollten erzählen, dass sie Jesus erkannt haben.

- Weil Jesus so gebetet hat wie immer.
- Weil Jesus das Brot geteilt hat wie immer.

Die anderen Freunde freuten sich.
Die anderen Freunde sagten:

Ja, das stimmt.
Jesus ist wirklich auferstanden.
Petrus hat Jesus auch gesehen.

Jesus begegnet Maria von Magdala.

Johannes 20,11–18

Maria von Magdala war eine Freundin von Jesus.
Als Jesus gestorben war, ging Maria von Magdala zum Grab von Jesus.
Aber das Grab von Jesus war leer.
Jesus war nicht da.
Maria von Magdala weinte.
Maria von Magdala wusste nicht, dass Jesus auferstanden ist.

Im Grab saßen 2 Engel.
Die Engel hatten ein weißes Gewand an.
Ein Engel saß am Kopf·ende.
Der andere Engel saß am Fuß·ende vom Grab.
Ein Engel fragte Maria von Magdala:
Frau, warum weinst du?

Maria von Magdala sagte:
Einige Leute haben Jesus aus dem Grab weggenommen.
Ich weiß nicht, wo Jesus jetzt ist.

Dann drehte sich Maria von Magdala um.
Da stand ein Mann hinter Maria von Magdala.
Der Mann war Jesus.
Aber Maria von Magdala merkte nicht, dass es Jesus war.

Jesus fragte Maria von Magdala:
Frau, warum weinst du?
Wen suchst du?

Maria von Magdala dachte, der Mann ist ein Gärtner.
Maria sagte:
Herr, hast du Jesus weggebracht?
Sag mir, wohin du Jesus gebracht hast.
Ich will Jesus holen.

Jesus sagte:
Maria.

Da merkte Maria von Magdala, dass der Mann Jesus ist.
Maria von Magdala sagte voller Freude:
Mein lieber Meister.
Maria von Magdala wollte Jesus festhalten.

Jesus sagte zu Maria von Magdala:
Halte mich nicht fest.
Geh schnell zu meinen Freunden.
Sag meinen Freunden:
Ich gehe zu meinem Vater im Himmel.
Mein Vater ist auch euer Vater.
Ich gehe zu meinem Gott.
Mein Gott ist auch euer Gott.

Maria von Magdala rannte zu den anderen Freunden.

Maria von Magdala erzählte voller Freude:

Ich habe Jesus gesehen.

Jesus hat gesagt:

Ich soll euch Bescheid sagen.

Maria von Magdala erzählte alles, was Jesus gesagt hat.

Jesus begegnet Thomas.

Johannes 20,19–29

Am Oster·morgen war Jesus von den Toten auferstanden.
Maria von Magdala hatte Jesus schon gesehen.
Maria von Magdala hatte den Freunden erzählt,
dass Jesus lebt.
Aber die Freunde konnten immer noch nicht glauben,
dass Jesus lebt.

Am Abend vom Oster·tag waren alle Freunde zusammen.
Nur Thomas fehlte.
Die anderen Freunde hatten immer noch Angst.
Weil die Menschen Jesus umgebracht hatten.
Die Freunde schlossen alle Türen ab.

Plötzlich kam Jesus.
Jesus stellte sich mitten unter die Freunde.
Jesus sagte zu den Freunden:
Friede sei mit euch.

Dann zeigte Jesus den Freunden seine Hände.
Und seine Seite.
Da freuten sich die Freunde.
Weil es wirklich Jesus war.

Jesus sagte noch einmal:

Friede sei mit euch.
Mein Vater hat mich zu den Menschen geschickt.
Jetzt schicke ich euch genauso zu den Menschen.
Wie das mein Vater bei mir gemacht hat.

Jesus hauchte die Freunde an.
Dazu sagte Jesus:

Das ist der Atem von Gott.
Das ist die Kraft von Gott.
Die Kraft von Gott ist der Heilige Geist.
Ihr bekommt den Heiligen Geist.
Mit dieser Kraft könnt ihr den Menschen
die Sünden vergeben.
Bringt Frieden zu den Menschen.

Später kam Thomas dazu.
Die Freunde sagten:

Wir haben Jesus gesehen.

Thomas sagte:

Das kann gar nicht sein.
Jesus ist tot.
Ich glaube euch nicht, dass Jesus da war.
Ich glaube das nur, wenn ich Jesus auch sehe.
Und wenn ich Jesus anfassen kann.

Nach einer Woche waren wieder alle Freunde versammelt.
Thomas war auch dabei.
Alle Türen waren wieder abgeschlossen.

Da kam Jesus.
Jesus stand wieder mitten unter seinen Freunden.

Jesus sagte:
Friede sei mit euch.

Dann ging Jesus zu Thomas.
Jesus zeigte Thomas seine Hände.
Thomas konnte die Wunde an der Seite sehen.
Jesus sagte zu Thomas:
Hier sind meine Hände.
Fass sie mit deinen Fingern an.

Jesus zeigte auch seine Seite.
Thomas konnte die Wunde sehen.
Jesus sagte zu Thomas:
Streck deine Hand aus.
Fass meine Seite an.
Dann kannst du glauben, dass ich es bin.

Thomas war völlig überrascht.
Thomas sagte voller Freude:

Du bist wirklich Jesus.
Mein Herr und mein Gott.

Jesus sagte zu Thomas:

Du glaubst jetzt, weil du mich gesehen hast.
Andere Menschen können mich nicht sehen.
Sie glauben trotzdem, dass ich lebe.
Diese Menschen dürfen sich freuen.

Jesus begegnet Petrus und hat mit Petrus ein wichtiges Gespräch.

Johannes 21,1–19

Jesus war auferstanden.
Jesus lebte.
Jesus zeigte den Freunden immer wieder, dass er lebt.
Und dass er immer da ist.

Einmal war es so:
Einige Freunde waren zusammen.
Petrus und Johannes waren auch dabei.
Die Freunde wollten zusammen Fische fangen.
Mit einem großen Fisch·netz.
Am besten geht das Fische·fangen in der Nacht.

Die Freunde fischten die ganze Nacht.
Aber die Freunde fingen keinen einzigen Fisch.
Die Freunde fuhren mit dem Boot an das Land zurück.

Am Land stand ein Mann.
Der Mann war Jesus.
Die Freunde merkten nicht, dass der Mann Jesus ist.
Jesus fragte die Freunde:

> Habt ihr Fische gefangen?
> Habt ihr etwas zu essen?

Die Freunde sagten:

Nein, wir haben keinen einzigen Fisch gefangen.

Jesus sagte:

Fahrt noch einmal los.
Werft das Netz auf der rechten Seite vom Boot aus.
Dann fangt ihr viele Fische.

Die Freunde fuhren mit dem Boot los.
Die Freunde warfen das Netz auf der rechten Seite aus.
Die Freunde fingen viele Fische.
Das Fisch·netz ging fast kaputt.
Weil das Netz so voll war.

Johannes sagte zu Petrus:

Der Mann da vorn am Strand ist Jesus.

Als Petrus das hörte, freute er sich.

Petrus sprang sofort ins Wasser.
Petrus wollte schnell bei Jesus sein.
Die anderen Freunde kamen mit dem Boot und den Fischen hinterher.
Das dauerte etwas.

Als alle am Strand waren, brannte ein Grill·feuer.
Auf dem Grill·feuer waren Fisch und Brot.
Jesus sagte zu den Freunden:
Bringt einige von euren gefangenen Fischen.

Petrus zog das Netz mit den Fischen ans Land.
Es waren sehr viele große Fische.
Jesus sagte zu den Freunden:
Kommt her und esst.
Jesus gab den Freunden das Brot und den Fisch zum Essen.

Nachher waren alle mit dem Essen fertig.
Da hatte Jesus mit Petrus ein wichtiges Gespräch.

Jesus fragte Petrus:
Petrus, hast du mich mehr lieb als die anderen Menschen?
Petrus sagte:
Jesus, du weißt doch, dass ich dich lieb habe.
Jesus sagte zu Petrus:
Erzähle den Menschen von Gott.
Und passe gut auf sie auf.

Jesus fragte Petrus zum 2. Mal:
Petrus, hast du mich lieb?
Petrus sagte wieder:
Jesus, du weißt doch, dass ich dich lieb habe.
Jesus sagte wieder:
Erzähle den Menschen von Gott.
Und passe gut auf sie auf.

Jesus fragte Petrus zum 3. Mal:
Petrus, hast du mich lieb?
Petrus wurde traurig.
Weil Jesus zum 3. Mal fragte:
Hast du mich lieb?
Petrus sagte zu Jesus:
Jesus, du weißt alles.
Du weißt auch, dass ich dich lieb habe.
Jesus sagte zu Petrus:
Erzähle den Menschen von Gott.
Und passe gut auf sie auf.

Dann fing Jesus an, ernst und feierlich zu sprechen.
Jesus sagte zu Petrus:
Petrus, ich sage dir etwas Wichtiges.
Jetzt bist du jung.
Du hast viel Kraft.
Du kannst alles tun, was du willst.
Du willst alles für Gott tun.

Eines Tages bist du alt.
Auch wenn du alt bist, möchtest du noch viel tun.
Aber dann kannst du nicht mehr tun, was du tun möchtest.
Andere werden über dich bestimmen.
Jetzt aber:
Folge mir nach.
Bleibe immer bei mir.
Und bleibe in meiner Liebe.

Hier erfahren Sie mehr über das Projekt und das Team.

Wie heißt das Projekt?

Das Projekt heißt:

Die Bibel in Leichte Sprache übersetzen.

Damit alle Menschen die Bibel verstehen können.
Und alle Menschen wissen: Gott ist gut.

Wer ist das Team für das Projekt?

Das Team für das Projekt sind Dieter Bauer,
Claudio Ettl und Schwester M. Paulis Mels.
Dieter Bauer, Claudio Ettl und
Schwester M. Paulis Mels wünschen:

Alle Menschen sollen erfahren, dass Gott gut ist.

Darum haben Dieter Bauer, Claudio Ettl und
Schwester M. Paulis Mels beschlossen:
Wir übersetzen die Bibel in Leichte Sprache.

Das Übersetzen in Leichte Sprache ist schwer.
Darum braucht das Team Helferinnen und Helfer.

Die Helferinnen und Helfer sind Beschäftigte in einer Werkstatt (WfbM).
Oder an einem anderen Arbeits·platz.

© KiZ-Foto: Heberling

Die Helferinnen und Helfer prüfen die Übersetzung vom Team:

- Hat das Team wirklich in Leichte Sprache übersetzt?
- Ist die Übersetzung gut zu verstehen?

Wer hat die Bilder gemalt?

Die Bilder hat Anja Janik gemalt.

Gibt es noch mehr Bibel·bücher in Leichter Sprache?

Ja.

Es gibt noch mehr Bibel·bücher in Leichter Sprache.

Die Bibel·bücher in Leichter Sprache heißen:

- Evangelien der Sonn- und Festtage im Lesejahr A
  ISBN 978-3-460-32194-6
- Evangelien der Sonn- und Festtage im Lesejahr B
  ISBN 978-3-460-32195-3
- Evangelien der Sonn- und Festtage im Lesejahr C
  ISBN 978-3-460-32198-4
- Jesus erzählt von Gott
  ISBN 978-3-460-32196-0
- Jesus hilft den Menschen
  ISBN 978-3-460-32197-7

Wie kann ich noch mehr über die Bibel in Leichter Sprache erfahren?

Im Internet können Sie noch mehr über die Bibel
in Leichter Sprache erfahren.

Schauen Sie auf diese Internet·seite:

www.evangelium-in-leichter-sprache.de

Dort finden Sie für jeden Sonntag einen Text aus der Bibel.
Und ein Bild zu dem Text.
Dort können Sie die Texte auch anhören.
Oder in Gebärden·sprache sehen.

So sieht die Internet·seite aus:

Verzeichnis der Bibelstellen

Die Autoren

Dieter Bauer, Dipl.-Theol., Theologischer Referent im Katholischen Bibelwerk e. V. in Stuttgart.

Claudio Ettl, Dipl.-Theol., Bibelwissenschaftler und Journalist, stellvertretender Direktor der Akademie Caritas-Pirckheimer-Haus, Nürnberg.

Sr. M. Paulis Mels FSGM, Heilerziehungspflegerin, Heilpädagogin B.A., Erwachsenenbildnerin M.A., Leiterin der katholischen Förderschule für geistige Entwicklung St. Franziskus in Dingelstädt, zertifizierte Übersetzerin für Leichte Sprache.

Die Künstlerin

Anja Janik Krankenschwester, Dipl. Sozialpädagogin, Rhythmikpädagogin, Kunstpädagogin, leitet an einem Gymnasium in Dülmen die Kunst AGs der Klassen 5–9 und die Kunstgruppen auf der Querschnittstation in der Bergmannsheilklinik in Bochum.